La historia del

correo

Datos

Dona Herweck Rice

Asesora

Colene Van Brunt
Educadora de matemáticas
Escuelas Públicas del Condado de Hillsborough

Créditos de publicación

Rachelle Cracchiolo, M.S.Ed., *Editora comercial*
Conni Medina, M.A.Ed., *Redactora jefa*
Dona Herweck Rice, *Realizadora de la serie*
Emily R. Smith, M.A.Ed., *Realizadora de la serie*
Diana Kenney, M.A.Ed., NBCT, *Directora de contenido*
June Kikuchi, *Directora de contenido*
Caroline Gasca, M.S.Ed., *Editora superior*
Susan Daddis, M.A.Ed., *Editora*
Karen Malaska, M.Ed., *Editora*
Sam Morales, M.A., *Editor asociado*
Kevin Panter, *Diseñador gráfico superior*
Jill Malcolm, *Diseñadora gráfica básica*

Créditos de imágenes: cubierta posterior irisphoto1/Shutterstock; págs.10–11 Look and Learn/Bridgeman Images; págs.12–13 Interfoto/Alamy; pág.14 (en el medio) Kiev Victor/Shutterstock; todas las demás imágenes provienen de iStock y/o Shutterstock.

Library of Congress Cataloging-in-Publication Data

Names: Rice, Dona, author.
Title: La historia del correo : datos / Dona Herweck Rice.
Other titles: History of mail. Spanish
Description: Huntington Beach, CA : Teacher Created Materials, 2019. | Includes index. | Audience: K to Grade 3. |
Identifiers: LCCN 2018055927 (print) | LCCN 2019000597 (ebook) | ISBN 9781425823122 (eBook) | ISBN 9781425828509 | ISBN 9781425828509¬q(pbk.)
Subjects: LCSH: Postal service--History--Juvenile literature.
Classification: LCC HE6078 (ebook) | LCC HE6078 .R5318 2019 (print) | DDC 383/.49--dc23
LC record available at https://lccn.loc.gov/2018055927

Teacher Created Materials
5301 Oceanus Drive
Huntington Beach, CA 92649-1030
www.tcmpub.com

ISBN 978-1-4258-2850-9

Printed in Malaysia
Thumbprints.23398

Contenido

¡Llegó el correo!

Abres tu **buzón**. ¡Hay correo dentro!

¿Cómo llegó allí?

Sobre el correo

Las personas han enviado correo por mucho tiempo.

Gran parte del correo ha sido enviado en papel.

Mr. P. Smith
Unit 1
22 Main Street
Metrocity
4002
POSTAGE PAID

El correo puede enviarse cerca. O puede enviarse lejos.

¡Hasta puede enviarse por todo el mundo!

¡HAGAMOS MATEMÁTICAS!

Scott, Clara y Milo revisan sus buzones en busca de cartas. Compara los datos. Usa números para completar las oraciones.

 representa una carta.

1. Clara recibe ______ cartas más que Scott.

2. Milo recibe ______ cartas menos que Clara.

3. Scott, Clara y Milo reciben ______ cartas en total.

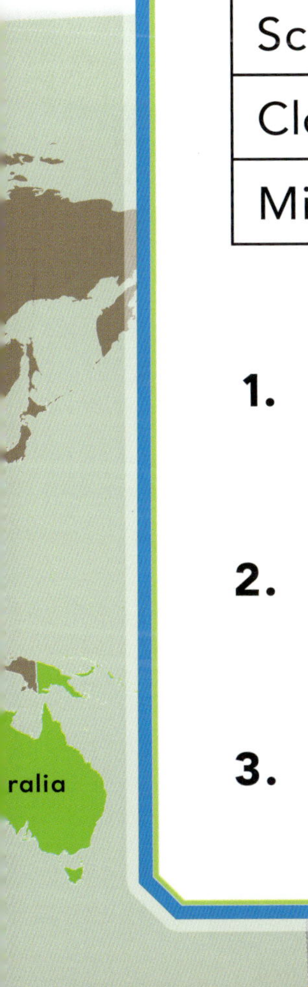

El primer correo

Algunas de las primeras personas en enviar correo eran de China. Caminaban o montaban caballos para llevarlo.

Este hombre montaba distancias largas para entregar una carta.

Las personas de la antigua Roma también tenían correo. **A menudo** lo llevaban a caballo o carreta.

¡HAGAMOS MATEMÁTICAS!

Julia les pregunta a los estudiantes en su clase cómo entrega el correo su cartero. Completa las oraciones usando *a pie*, *en bicicleta* o *en auto*.

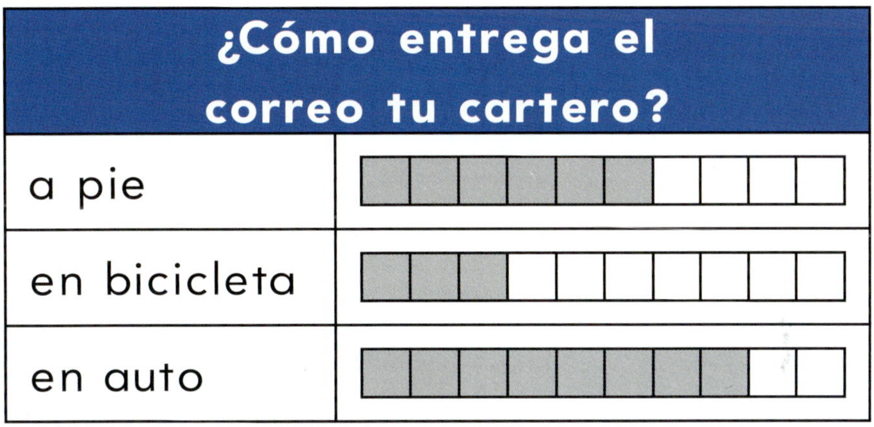

1. Más carteros entregan ______ que ______.

2. Menos carteros entregan ______ que ______.

3. Tres carteros más entregan ______ que ______.

La gente de Francia tuvo la primera **oficina postal**. Las personas ponían estampillas en el correo. Muchas personas podían enviar y recibir correo.

Esta oficina postal está en Francia.

¡HAGAMOS MATEMÁTICAS!

La clase de la Sra. Hall vota la estampilla que les gusta más. Usa la tabla para responder las preguntas.

¿Qué estampilla te gusta más?	
árbol	Sadi, Pía, Ken, Milo, Burt, Kai
casa	Ana, Joe, Tara, Sal
estrella	Das, Zina, Julia, Mika, Liz, Jack, Sid

1. ¿Cuántos estudiantes votaron? ¿Cómo lo sabes?

2. ¿A cuántos estudiantes más les gustó la estampilla de la estrella que la del árbol? ¿Cómo lo sabes?

El correo actual

Las personas todavía envían y reciben correo. Pero el correo no **siempre** es en papel.

Email
Mail
COMPOSE
Inbox (169)
Starred
Sent Mail
Drafts (10)
Notes
More
All
More
me,custormer (2) Re : company info ...
email (no subject) ...
me,friends (6) Re : 2 new notiftca ...
custormer no.249 Re : company info ...
me,custormer (2) Re : company info ...
me,custormer Meeting today ...
Join us New Sign-in on Computer ...
me,custormer (1) Re : On 23 October at 09:00, ...
email What do you thimk so far? ...
custormer no.001 company info ...
custormer (no subject) ...
me,custormer we want some ...
me,custormer (2) Re : company info ...
email (no subject) ...

Hoy en día el correo a menudo se envía **en línea**. Las personas usan diferentes tipos de **pantallas**.

¡El correo no tiene límites en cuanto a dónde y cómo puede llegar!

Resolución de problemas

La manera en que las personas envían y reciben el correo ha cambiado con los años. Descubre más recopilando y comparando datos.

1. Dibuja una tabla como la de la página 21. Pregunta a 15 personas qué tipo de correo les gusta. Escribe sus nombres en la tabla.

2. A la mayoría de las personas les gusta ______. Lo sé porque ______.

3. Lo que menos les gusta a las personas es ______. Lo sé porque ______.

4. Escribe una pregunta que incluya "cuántas más" sobre los datos.

¿Qué tipo de correo te gusta?	
en papel	
electrónico	
recado del maestro	

Glosario

a menudo: la mayoría de las veces

buzón: la caja en la que se entrega el correo y de la que se recoge

en línea: por internet

oficina postal: un negocio donde se recibe, clasifica y entrega el correo

pantallas: partes planas de las computadoras, televisores y otros dispositivos en los que se muestran imágenes y palabras

siempre: todo el tiempo

Índice

Soluciones

¡Hagamos matemáticas!

página 9:

1. 3
2. 4
3. 17

página 13:

Las respuestas variarán para las preguntas 1 y 2.

1. a pie; en bicicleta
2. en bicicleta; en auto
3. a pie; en bicicleta

página 15:

1. 17; contando nombres
2. 1; contando los estudiantes a los que les gustó cada estampilla y restando

Resolución de problemas

Todas las respuestas variarán.